VI

VESUVIUS

VESUVIO

VESUVIUS

Zulmira Ribeiro Tavares

Tradução de / Translated by
Hugh Hazelton

WOLSAK
& WYNN

Grafia atualizada segundo o Acordo Ortográfico da Língua Portuguesa de 1990, que entrou em vigor no Brasil em 2009.

Imagem da capa / Cover image: *Flowers and Storm #10* por / by Igor Muskatblit
Capa e desenho interior / Cover and interior design: Leigh Kotsilidis
Composto em / Typeset in Abadi MT Condensed
Impresso na / Printed by Coach House Printing Company Toronto, Canada

Vesuvio foi publicado no Brasil pela Companhia das Letras em 2011. /
Vesuvio was published in Brazil by Companhia das Letras in 2011.

A editora agradece o Conselho de Artes de Canadá, o Conselho de Artes de Ontario e o Fundo do Livro do Canadá por seu apoio financeiro. /
The publisher gratefully acknowledges the support of the Canada Council for the Arts, the Ontario Arts Council and the Canada Book Fund.

Wolsak and Wynn Publishers Ltd.
280 James Street North
Hamilton, ON
Canada L8R 2L3

Library and Archives Canada Cataloguing in Publication

Tavares, Zulmira Ribeiro, 1930-, author
        Vesuvius / by Zulmira Ribeiro Tavares ; translated by Hugh Hazelton.

Translation of: Vesuvio; with the original Portuguese on the facing page.
ISBN 978-1-894987-81-3 (pbk.)

        I. Hazelton, Hugh, 1946-, translator   II. Tavares, Zulmira Ribeiro, 1930- .
Vesuvio. English. III. Tavares, Zulmira Ribeiro, 1930- . Vesuvio. IV. Title.

PQ9698.3.A73V4713 2015   869.1'42   C2014-907345-3

Sumário / Table of Contents

Em busca do outro lado:
A obra de Zulmira Ribeiro Tavares

Zulmira Ribeiro Tavares está entre os autores mais talentosos e singulares do Brasil. Nascida em São Paulo em 1930, onde mora até hoje, ela já publicou nove livros ao longo de quase cinquenta anos. Embora boa parte de sua obra seja ficção, sempre entrecruza a fronteira entre os gêneros: seu primeiro livro, *Termos de comparação* (1974), por exemplo, incluiu contos, poesia e ensaios que compartilham uma estética similar e que abriu o caminho para suas coleções futuras. Seus romances, em particular *O nome do bispo* (1985) e *Joias de família* (1991), são conhecidos por sua dissecção irônica e incisiva da classe alta em decadência de sua cidade natal. Os contos, a poesia e os poemas em prosa – ou minificções – de suas compilações posteriores, sobretudo *O mandril* (1988) e *Cortejo em abril* (1998), são impregnados de uma atmosfera onírica em que detalhes lúdicos prenunciam eventos e personagens surpreendidos tornam-se vítimas de sua própria imaginação. Curiosamente, *Vesuvio*, que foi publicado em 2011, foi seu primeiro livro dedicado exclusivamente à poesia. Sob muitos aspectos, é o eixo de sua obra, uma exploração da experiência humana gravada habilmente, muitas vezes vista em microcosmo, dentro da qual cada palavra é essencial e nada é supérfluo no jogo entre ser e parecer. Seu último livro, *Região*, publicado em 2012, é uma antologia dos contos, minificções, poesia e poemas em prosa de suas obras anteriores, que também inclui dois ensaios inéditos em livro.

Zulmira recebeu numerosos prêmios literários brasileiros, incluindo o Revelação em Literatura da Associação Paulista de Críticas de Arte, por *Termos de comparação*, o Prêmio Mercedes-Benz pelo melhor romance publicado entre 1983 e 1986, por *O nome do bispo*, e o prestigioso Prêmio Jabuti pelo melhor autor e o melhor romance do ano, por *Joias de família* em 1991. *Vesuvio* também foi finalista pelo Jabuti em 2011. Recebeu o Prêmio Estadão pela sua obra completa em 1999. Seus contos e poemas foram publicados e incluídos em antologias no Brasil, e também foram traduzidos para o francês, espanhol e inglês e editados em revistas e coleções em diversos países, incluindo dois poemas de *Vesuvio* que apareceram no número duplo sobre a Literatura Brasileira Contemporânea (N° 84/85) de *ellipse: textes littéraires canadiennes en traduction/Canadian Writing in Translation*, em 2010. *Joias de família* e *O nome do bispo* foram traduzidos para o alemão e o segundo também para o italiano. Uma edição inglesa de *Joias de família* foi publicada sob o título *Family Heirlooms* em 2014, e a tradução de *O nome do bispo* (*The Name of the Bishop*) deve ser lançada em 2015, ambos romances traduzidos por David Hahn. *Vesuvius* é a primeira tradução de um livro inteiro de poesia de Zulmira para o inglês. Zulmira também traduziu uma versão portuguesa do estudo de Jean Baudrillard, *Le Système des objets (O sistema dos objetos)* em 1969, assim como poesias do francês e inglês para a antologia *Quatro mil anos de poesia*, uma coleção de poesia judaica que co-editou com J. Guinsberg, publicada no mesmo ano.

Além de sua ficção e poesia, Zulmira escreveu numerosos ensaios sobre a literatura, o cinema e a televisão brasileiros. Realizou pesquisa e foi membro do Conselho da Cinemateca Brasileira. Também trabalhou como pesquisadora e crítica para o Departamento de Informação e Documentação Artísticas da Prefeitura de São Paulo. Deu cursos de pós-graduação em Cinema na Universidade de São Paulo (USP) e se interessa há muitos anos pela arte e a pintura.

Vesuvio é um dos livros mais notáveis no âmbito da poesia brasileira atual. Sutil, estranho e urbano, contém a essência do estilo oblíquo mas concentrado, em que a autora busca o que fica do outro lado da realidade observável, na intenção de capturar a fugacidade da experiência. Como observa o crítico e jornalista brasileiro José Castello, ao referir-se ao poema "Aberto à visitação": "Um poeta [...] sabe que as terras e os mares do mundo não se deixam representar. A vida não aceita embaixadores. As coisas, mesmo se observadas com atenção, escapam ao vinco do desenho. Ao contrário, 'Oferecem o espetáculo da inconstância'".[1] A escrita é uma arte fluida, proteiforme para Zulmira: é a palavra que é importante, sem fixar-se a gêneros ou fronteiras. Muitas das narrativas curtas de Zulmira poderiam ser consideradas tanto minificções quanto poemas em prosa, tendo ambas as formas uma longa tradição na literatura latino-americana. Sua prosa e poesia compartilham uma inclinação comum e um olho aguçado para o que o crítico Augusto Massi, escrevendo no posfácio de *Região*, chama de "uma agudeza para o que está oculto, reprimido, dissimulado",[2] entre "seres híbridos, fronteiriços, inacabados e precários".[3]

É interessante notar que, embora o estilo de Zulmira possa parecer surrealista, ela mesma não usa o termo quando fala de sua obra. Na verdade, sua visão artística tem afinidade com outras abordagens. Em seu ensaio recente "Dois narizes — um estudo", incluído em *Região*, Zulmira compara a mistura do fantástico com o real em duas obras diferentes: o conto "O nariz" de Nicolai Gogol, publicado em *O diário de um louco* em 1835, e o livro para crianças *Reinações de Narizinho*, do autor brasileiro José Monteiro Lobato, publicado em 1931. O que a interessa nesses dois relatos é a facilidade da incorporação do absurdo à realidade cotidiana, quer na forma de escapadas picarescas do nariz do Maior Kovalyov no conto de Gogol, quer nos elegantes besouro e peixinho que discorrem sobre as singularidades topográficas do rosto da jovem Lúcia, ao passear sobre ele, no conto de Lobato. Deixando de lado os termos "surrealista" e "'fantástico', 'sobrenatural', 'maravilhoso'",[4] Zulmira observa o grau de equilíbrio estabelecido entre os dois mundos, para que "[o] habitual e o insólito [se justaponham] em um só espaço".[5] Neste sentido, a obra de Zulmira se interessa de maneira análoga pela percepção e pela ação humana, e seu estilo preciso e íntimo é ideal para tal. Contudo, para além desses elementos de seus escritos se encontra outro nível de complexidade: o da credibilidade do narrador em sua ficção ou do falante em sua poesia, cuja transparência aparente pode ocultar outros níveis de logro e significado, muitas vezes revelando o normal como exótico e o extraordinário como banal. Os momentos de existência, para Zulmira, são construções transitórias e inconstantes que se desintegram e recombinam, enquanto os vivenciamos ou os observamos.

"Vesuvio", o poema que dá título ao livro, é emblemático da obra de Zulmira. Apesar das imagens grandiosas que evoca, especialmente da destruição das cidades romanas sofisticadas e confiantes de Pompéia e Herculano em 79 d.C., o título se refere mais a um desenho em esfuminho, talvez uma indicação da fraqueza e fracasso de um amante esquecido tanto na arte quanto na intimidade. O fato de o desenho incluir o vulcão à primeira vista parece irrelevante, até todos os elementos se encadearem ao final. Tal como os outros poemas do livro — quer falem dos fantasmas, da infância, do amor ou das viagens, quer da música, das estações, do medo ou dos pássaros planadores — está repleto do inesperado, de uma ambivalência oscilante e de uma humanidade mordaz. Sobretudo, é irresistivelmente imaginativo e minuciosamente talhado.

— Hugh Hazelton

---

[1] José Castello, "Zulmira na contramão", em *O Globo*, Rio de Janeiro, 23 de abril de 2011, "Prosa & Verso", p. 4.
[2] Augusto Massi, "Prosa de fronteiras", em *Região*, Companhia das Letras, São Paulo, 2012, p. 348.
[3] Ibid., p. 353.
[4] Zulmira Ribeiro Tavares, "Dois narizes — um estudo", em *Região*, Companhia das Letras, São Paulo, 2012, p. 333.
[5] Ibid., p. 328.

Preface

Searching for the Other Side:
The Work of Zulmira Ribeiro Tavares

Zulmira Ribeiro Tavares is one of Brazil's most accomplished and unique authors. Born in São Paulo in 1930, where she has lived all her life, she has published nine books over a span of almost fifty years. Much of her work has been fiction, though it has always criss-crossed the borders between genres: her first book, *Termos de comparação* [Terms of Comparison]* (1974), for example, included short stories, poetry and essays that shared a similar aesthetic and opened the way for her later collections. Her novels, particularly *O nome do bispo / The Bishop's Name* (1985) and *Joias de família / Family Heirlooms* (1991), are known for their ironic, incisive dissection of the declining upper class of her native city. The short stories, poetry and prose poems — or mini-fictions — of her later collections, especially *O mandril* [The Mandrill] (1988) and *Cortejo em abril* [Funeral Procession in April] (1998), are suffused with a dream-like quality in which playful details may forebode darker events and surprised characters become the victims of their own imaginings. Curiously, *Vesuvio / Vesuvius*, which was published in 2011, was her first book exclusively of poetry. It is in many ways the axis of her work, a skilfully etched exploration of human experience, often viewed in microcosm, in which every word is essential and nothing is superfluous, as she examines the line between what is and what seems to be. Zulmira's latest book, *Região* [Region], published in 2012, is a collection of short stories, mini-fictions, poetry and prose poems from her previous works, and also includes two essays previously unpublished in book form.

Zulmira has won a number of Brazilian literary awards, including the Revelação em Literatura prize from the Associação Paulista de Críticas de Arte for *Termos de comparação*, the Mercedes-Benz award for the best novel published between 1983 and 1986 for *O nome do bispo* and the prestigious Jabuti Prize for best author and best novel of the year for *Joias de família* in 1991. *Vesuvio* was also runner-up for the Jabuti Award in 2011. She received the Multicultural Estadão Award for the corpus of her work in 1999. Her short stories and poems have been widely published and anthologized in Brazil, and have also been translated into French, Spanish and English and published in reviews and anthologies in a number of other countries, including two poems from *Vesuvius* that appeared in a special double issue on Contemporary Brazilian Literature (No. 84–85) of *ellipse: textes littéraires canadiennes en traduction/Canadian Writing in Translation* in 2010. *Joias de família* and *O nome do bispo* have both been translated into German and the latter also into Italian. An English edition of *Joias de familia* was published as *Family Heirlooms* in 2014, and the translation of *O nome do bispo, The Name of the Bishop*, is due out in 2015, both books translated by David Hahn. *Vesuvius* is the first book-length translation of her poetry into English. Tavares also translated Jean Baudrillard's *Le Système des objets* into Portuguese in 1969, as well as poems from French and English for the anthology *Quatro mil anos de poesia* [Four Thousand Years of Poetry], a collection of Jewish poetry that she co-edited with J. Guinsburg and was also published that year.

In addition to her fiction and poetry, Tavares has published a number of essays on Brazilian literature, film and television. She carried out research and was a council member of the Cinemateca Brasileira, and worked as a researcher and critic for the Departamento de Informação e Documentação Artísticas da Prefeitura de São Paulo. She has also taught graduate courses in film studies at the Universidade de São Paulo and has long been interested in art and painting.

Vesuvius is one of the most remarkable books in contemporary Brazilian poetry. Subtle, strange and urbane, it contains the essence of Zulmira's oblique yet focused style as she searches for what lies on the other side of observable reality, trying to capture the elusiveness of experience. As the Brazilian literary critic and journalist José Castello has observed, referring to the poem "Open for Visiting": "A poet [...] knows that the lands and seas of the world won't let themselves be represented. Life doesn't accept ambassadors. Things, even if closely observed, escape the crease of design. On the contrary, 'They offer the spectacle of instability.'"[1] Writing itself is a fluid, protean art for Zulmira: the word is what is important, and it is unrestrained by genres or boundaries. Many of Zulmira's shorter prose works could either be considered mini-fictions or prose poems, both of which have a long tradition in Latin American literature. Her prose and poetry share a common penchant and sharp eye for what the critic Augusto Massi, writing in the afterward to *Região*, has called "that which is hidden, repressed, dissimulated,"[2] among characters that are "hybrid, borderline, unfinished, and precarious."[3]

It is interesting to note that, though Zulmira's style may appear surrealist, she herself doesn't use the term when speaking of her work. In fact, her artistic vision has an affinity with other approaches. In her recent essay "Dois narizes — um estudo" [Two Noses — A Study], which was included in *Região*, Zulmira compares the blending of the fantastic with the real in two different works: Nicolai Gogol's short story "The Nose," published in *Diary of a Madman* in 1835, and the children's book *Reinações de Narizinho* [Adventures of Little Nose], by the Brazilian author José Monteiro Lobato, published in 1931. What interests her in these two tales is how smoothly the absurd is incorporated into everyday reality, whether in the form of the picaresque escapades of Major Kovalyov's nose in the Gogol story, or the elegant beetle and fish who discourse on the topographical oddities of the young Lúcia's face as they stroll around it in the story by Lobato. Leaving aside terms such as "supernatural," "surrealist," "fantastic" or "marvellous,"[4] Zulmira remarks upon the degree of equilibrium established between the two worlds, so that "the habitual and the extraordinary are juxtaposed in a single space."[5] In this sense, Zulmira's writing is equally as concerned with human perception as it is with human action, and her precise, intimate style is perfectly suited to the task. Yet beyond these aspects of her writing is another level of complexity: that of the credibility of the narrator in her fiction or the speaker in her poetry, whose seeming transparency can conceal other levels of deception and meaning, often revealing the normal as exotic and the seemingly extraordinary as banal. Moments of existence, for Zulmira, are fleeting, unstable constructions that disintegrate and recombine, even as we live or observe them.

"Vesuvius," the title poem of the book, is emblematic of Zulmira's work. Despite the grandiose images that the volcano calls up, especially of its destruction of the sophisticated and unsuspecting Roman cities of Pompeii and Herculaneum in AD 79, the title actually refers to a rubbed drawing, perhaps an indication of a forgotten lover's fecklessness and failure at both art and intimacy. The fact that the drawing includes the volcano at first seems surprisingly irrelevant, until all the elements are linked together at the end. Like the other poems in the book — whether they speak of ghosts, childhood, love, travel, music, the seasons, dance, fear or gliding birds — it is filled with the unexpected, an oscillating ambivalence and a wry humanity. Above all, it is overwhelmingly imaginative and finely wrought.

— Hugh Hazelton

---

* When the English title of one of Zulmira Ribeiro Tavares' works appears in italics, it is of a published translation; when the English title appears in brackets without italics, the title was translated by the author of the preface and the work itself has not yet been published in English.

[1] José Castello, "Zulmira na contramão," *O Globo* (Rio de Janeiro), April 23, 2011, *Prosa & Verso*, 4. [All translations are mine.]

[2] Augusto Massi, "Prosa de fronteiras," in *Região* (São Paulo: Companhia das Letras, 2012), 348.

[3] Ibid., 353.

[4] Zulmira Ribeiro Tavares, "Dois narizes — um estudo," in *Região*. (São Paulo: Companhia das Letras, 2012), 333.

[5] Ibid., 328.

I

(Instalações)

(Installations)

A mancha de cor

Se com o passar dos anos vamos perdendo os pelos que nos faziam orgulhosos por sua fricção animal e sua vizinhança dos capinzais na boa estação,

E, ainda, se vamos perdendo a água que nos deixava luminosos como sinaleiras, como elas atentos e úteis — isso ainda não é sério.

Podemos avançar nas perdas.

Mas, quando os dias se excedem, espichamo-nos como as sombras do poente, somos ginastas rastejadores, as sombras são nossos pijamas de elástico e fumo, elas nos levam estirados na direção do sol desaparecido dentro de sua mancha de cor.

Nossas sombras são sombras estradeiras.

Somos estradeiros com as sombras e corremos para nada dentro da mancha de cor.

The Stain of Colour

If as the years go by we lose the hair that once made us proud with its animal friction and likeness to lush fields when they're in season,

And if, on top of that, we lose the water that left us luminous as traffic lights, and just as attentive and useful — that's still not serious.

We can move forward into the losses.

But, when the days go too far, we stretch out like the shadows of sunset, we're tracker gymnasts, the shadows are our pyjamas of elastic and smoke, they carry us tautly toward the sun that's disappeared now into its stain of colour.

Our shadows are walking shadows on the road.

We are walkers with the shadows and run uselessly into the stain of colour.

Vesuvio

Tua cabeça a prumo emplaca o tempo.
Dentro dela guardas o Vesuvio
que nunca chegaste a ter em pedra e lava,
mas em tela, plasma, figura.

Perto do Vesuvio, em esfuminho,
o perfil de teu amor esvaecido
há tantos anos.
E escutas chegar pelo esfuminho
como por um canal de cinzas
o professor Silvério cantarolando
nas aulas de desenho, o teu fracasso.

E tens no teu fracasso a mão direita
duplicada dentro da cabeça
suja de carvão e tinta a óleo.
A esquerda se apoia no joelho
e faz figa para o mundo: um sucesso.
Tua cabeça a acolhe com ternura
e com firmeza a ambas:
a submissa e a da recusa.

Um dia arrastarás, a tua cabeça,
para altas esferas,
como o saco de Noel (que delas desce)
a quem chamam pai,
papai para os pequenos —
pelo que distribui de vida adulta
adiantada em maquete e aos pedaços
com o impagável nome de brinquedos.

Cruzarás com ele e te farás de sonso.

Vesuvius

Your perpendicular head notches up time.
Within it you keep the Vesuvius
you could never have in stone and lava,
but on a surface, screen, shape.

Near Vesuvius, in the rubbed drawing,
the profile of your love that faded away
so many years ago.
And through the shaded forms
like a channel of ashes
you hear Professor Silvério softly singing of
your failure in his design classes.

And in your failure you've got your right hand
doubled inside your head
grimy with charcoal and oil paint.
Your left hand is lying on your knee,
with a contemptuous sign to the world: a success.
Your head shelters its hand
tenderly, firmly accepting both:
the submissive one and the one that rebuffs.

One day you'll drag your head
to lofty spheres,
like the Christmas sack (which descends from up there) —
that comes from Santa Claus
— Santa to the little ones —
from which he hands out adult life
ahead of time in models and pieces
with the priceless name of toys.

You'll bump into him and play it dumb.

Já tu agora de nada queres ser destituído.
Isso foi antes.
Sem acordo com Noel, não distribuirás,
e a usura será a tua força.
Sobre o teu pescoço, firmes
como o saco de Noel nos ombros,
terás dentro da cabeça
vivos, tudo:
do Vesuvio em tela à lava do teu corpo.

These days you don't want to be deprived of anything.
That was before.
Without Santa's agreement, you won't hand out anything,
and charging interest will be your strength.
On top of your neck, as steady
as Santa's sack on your shoulders,
you'll have all of it live
in your head:
from a surface Vesuvius to the lava of your body.

O paradoxo dos fantasmas

Há duas espécies de fantasmas.
Os verdadeiros e os falsos.

O verdadeiro lembra o cristal mais puro porém sem nenhuma luz refletida que nos
oriente sobre sua presença.
Assim, tendo ele perdido o reflexo sua condição de invisibilidade é perfeita.

Já não se pode dizer o mesmo quanto à sonoridade.
Como quando duas taças de cristal se tocam, leve ruído rascante por vezes vibra,
finíssima trinca rompendo a lisura do ar.
Sabemos então que se acha presente na sala mais de um fantasma verdadeiro — e por
algum motivo de nós desconhecido, se congratulam.

O fantasma falso é muito outra coisa.
Traz um grande lençol branco jogado por cima do que está dentro. Nesse lençol não
há nenhum visor como em uma burca. Ou se trata de uma burca cega.
Suspeita-se, porém, que nas dobras do lençol cego exista, sim, alguma passagem de
ar e visão entre o dentro e o fora; contudo instável, já que sempre se abrindo e fechando
em segredo para o fantasma de que aqui tratamos não ser apanhado em falso, ainda
que venha a ser essa exatamente sua natureza e disso muitos sabem — porém outros
nem por sombras.

Com frequência seu olho que vasculha a sala se desencontra do visor improvisado,
assim é natural que aqui e ali tropece em si próprio e em si próprio enrosque os pés,
e caia com estrondo, ou role a escada e solte um urro cavernoso seguido de palavra
impronunciável. Esse fantasma e todos os outros da sua espécie são os mais temíveis:
pois que existem.

The Paradox of Ghosts

There are two types of ghosts:
the real ones and the fakes.

The real one brings to mind the purest crystal, but without a single bit of reflected light
to show us its presence.
This way, with its reflection lost, its invisibility is perfect.

But the same can't be said about the quality of sound.
As when two crystal glasses touch, the slight tart noise sometimes vibrates, a delicate
scratch that breaks the smoothness of the air.
We know then that more than one real ghost finds it is present in the room — and for
some reason unknown to us, they congratulate one another.

A fake ghost is another thing altogether.
It wears a huge white sheet thrown over what's inside. This sheet never has an eyehole
like a burka. Or else it's a blind burka.
It's thought, though, that the blind sheet's folds contain some kind of passage of air
and vision between inside and out — yet unstable, since it's always opening and closing
in secret so that the ghost we're dealing with isn't caught in vain, even if that turns out
to be exactly its nature, and this is known to many people — though not by a ghost of
a chance to others.

Often, as its eye roams the room, it misses the improvised sight hole, so it's natural
that here and there it trips over itself and stumbles over its own feet, and falls with a
boom, or else tumbles down the stairs, letting loose a cavernous roar, followed by an
unpronounceable word. This ghost and all the others of its kind are the most terrible,
because they exist.

Abaixo da linha de pobreza

Ora vejo a linha de pobreza no contorno irregular dos prédios, altos, baixos, ou das pequenas casas de autoconstrução na encosta dos morros.

A linha que mais me atinge é a reta, que vai de um ponto a outro sem desvio. Sei que nela há números. Quais, não sei. Ainda que não tenha cor, peso, e tangencie o invisível, é forte.
Li a propósito.

Considero a linha do horizonte a que mais se aproxima do que imagino ser a linha de pobreza. Da cidade, ver o horizonte é difícil, ou se apresenta com defeito. Rememoro-o distante, no fim do mar. Deve ser de lá que a retiram, a linha de pobreza, com régua e compasso: para raciocínio e ação. Pois impossível que não exista primeiro na paisagem, material, resistente. Tem de existir, como certas fibras arrancadas à natureza para com elas se fazer feixes, relhos, assim como servem de enfeite as penas de belas aves.

Verdade que ao longo da vida passaram-me diante dos olhos gráficos estampados em folhas de jornal. Alguns diziam respeito à linha de pobreza. Neles, seu traçado não remetia ao limite que se tem do mar, longe, e por vezes mesmo delineou o contorno de ondas crespas e próximas ou, além, de escarpas, promontórios... Puras formas da física terrestre, impetuosas, dramáticas, tocando o interior dos homens de modo diverso ao da linha do horizonte — que os acalenta com o sono, a tranquilidade ou a morte.

Abaixo da linha de pobreza...(...)

Below the Poverty Line

Looking out I can see the poverty line in the irregular contour of the buildings, high or low, or of the small hand-built houses on the hillsides.

The line that affects me most is the straight one, that goes from one point to the other without a single deviation. I know there are numbers in it. Which ones, I don't know. Though the invisible has no colour, weight or tangency, it's strong. I read about it.

I believe the horizon line is the one closest to what I imagine the poverty line to be. It's difficult to see the horizon from the city, or it appears with defects. I remember it as distant, at the end of the sea. It must be from there that they take it, the poverty line, with ruler and compass, for reason and action. It's impossible for it not to have been found first in the landscape: material, resistant. It must exist, just as certain fibres torn from nature to make bundles and whips, or as decorations made from the feathers of beautiful birds.

It's true that all my life the printed graphs of newspapers have passed before my eyes. Some concerned the poverty line. Their design didn't refer to that distant limit the sea is thought to have, and sometimes it even outlined the form of rough waves nearby or, out beyond, slopes, headlands... Pure forms of the Earth's physics, impetuous, dramatic, touching the interior of men in a different way than the horizon line — which soothes us with sleep, serenity or death.

Below the poverty line... (...)

... De velhos cadernos escolares

Partimos de barco em direção à ilha, pequena, redonda e verde como a dos cadernos escolares. No centro, alguns coqueiros.

Ao pisarmos o seu chão, desfez-se, desprendendo cheiros de vegetação e terra úmida que se juntaram ao de maresia. Como se no ar a nossa volta perdurassem em novo arranjo, ilha e mar.

O equilíbrio na água era precário. Certo tremor agia em cada um como instrumentos de corda quando a propagação de sons tem seu início. De volta ao barco não olhamos para trás, nem que figura ali deixáramos às nossas costas, sem real força remissiva.

... Of Old Exercise Books

We headed out in the boat toward the island — small, round and green, like the ones on the covers of old exercise books. In the centre, a few coconut palms.

When we set foot on the shore, it came apart, giving off smells of vegetation and damp earth that blended with the scent of the sea at low tide. As if our return remained in the air through a new arrangement between island and sea.

Our balance in the water was unsteady. A certain tremor ran through each of us like in stringed instruments when sound begins to be generated. Once on the boat, we didn't look back, not even at the traces we'd left behind us, without any real redemptive force.

Vida: objeto de desejo

Nós desejamos pinguins.
Não os de geladeira
com seu peso fixo de massa pintada
sua estatuária de cozinha
sem nenhum sopro de da Vinci.

Nós desejamos pinguins.
Não os das geleiras
que nos esfriam os dedos
ao toque de suas penas firmes.
Frios são os caminhos que nos envia a morte.

Desejamos os pinguins de nosso assombro
fechados dentro de nós no desejo
como pérolas nas ostras.
Ostras não sabem das pérolas
que engendram e trazem consigo.
E nós que os formamos do escuro,
deles só temos o rastro, pinguins,
com seu brilho
de nácar.

Life: Object of Desire

We want penguins.
Not the ones on top of the refrigerator
with their set weight of painted mass
their kitchen statuary
without a breath of da Vinci.

We want penguins.
Not the ones from ice fields
that chill our fingers
when we touch their firm feathers.
Cold are the paths that death sends us.

We want the penguins of our astonishment
closed up within us in desire
like pearls in oysters.
Oysters know nothing of the pearls
they engender and carry within them.
And we who form penguins from darkness
are only left with their tracks,
with their gleam
of mother-of-pearl.

A leiteira
(velhas regras da infância)

Ele:

— Durmo com uma mulher sentada em meu estômago. Ela é branca, lisa e bojuda, é a leiteira de minha infância, pela manhã, à tarde e à noite. Ela me dói como um fardo no estômago e me arde como a brancura dos lençóis, que não devem ter sonhos maus, falar da peste. É uma mulher sólida como as virtudes que minha mãe diz ser as honrarias do homem. E tem uma alça pela qual a inclinam quando o leite e a virtude são despejados fumegantes — queimam como a aflição que não esfria, e doem como o pânico faz doer o estômago.

Essa mulher não se arreda de onde está, não chega à minha virilha. Lá, onde o corpo se aparta e se prepara para as marchas, os solavancos, a fonte escavada no fim como água brotando um pouco menos rala que leite de mulher, mais grudadora, é pega, cola — se caída no lençol a ele empresta o modo quebradiço do papel: estampilha do amor cumprido, o esperma.

A tábua onde a leiteira se encontra três vezes ao dia acha-se sempre tão imóvel quanto o meu corpo a cada noite. Debaixo da toalha não lembra a árvore que foi. E o meu corpo deitado, quieto, se faz de mesa — posta para receber as regras da infância. A virtude no centro, branca, lisa e bojuda, tem o peso inarredável da mulher sentada.

The Milk Jug
(old rules from childhood)

He:

I sleep with a woman sitting on my stomach. She's white, smooth and bulbous, she's the jug of hot milk from my childhood, in the morning, the afternoon and at night. She hurts like a burden on my stomach and burns like the whiteness of the sheets, which shouldn't have bad dreams or speak of pestilence. She's a solid woman with the virtues my mother calls a man's honours. And she has a handle used for tipping her so that milk and virtue pour out steaming — burning like an affliction that never cools, and hurting the way panic makes my stomach ache.

This woman doesn't retreat a bit from where she is and never reaches my groin. There, where the body separates and gets ready for walks and jolts, the spring dug out at the end like water spouting a bit less thin than woman's milk, but sticky — it's glue, paste. If it falls on the sheet it takes on the brittle quality of paper: the stamp of love fulfilled, sperm.

The plank on which the milk jug is placed three times a day is always as motionless as my body at night. Beneath the towel it has forgotten the tree it once was. And my body stretched out, serene, pretends to be a table — placed there to receive the rules of childhood. Virtue in the centre, white, smooth and bulbous, has the inseparable weight of the seated woman.

Café da manhã

Vão-se os anos e ele já não toma as manchetes do matutino pela realidade.

Não cancela a assinatura por antigo hábito em ter o jornal pelas manhãs — junto ao pão francês, o café turco e o leite puro de rebanho holandês.

As páginas abertas farfalham em breves e sacudidos movimentos de um ginasta e leitor simultâneos, agitam-se as cortinas.

— Sossega, coração.

Na sala, o francês, o turco e o holandês alinham-se, sentinelas solidárias assegurando, pelo pão, o café e o leite, a permanência do matutino que por longo tempo ele supôs falar do distante mundo — e ainda lhe acenar com as novas da manhã, próximas ao peitoril da janela.

Mas, para além das cortinas a paisagem não se move. O mar perdura uniforme em confronto com a cidade. A linha dos prédios e o maciço de montanhas não se alteram ao olhar. Nenhum transeunte passa. Nenhuma palma se inclina. Nenhuma força moral pesada como a tempestade.

Breakfast

The years go by and he no longer takes the headlines in the morning paper for reality.

He doesn't cancel his subscription because he's long since accustomed to having the paper every morning — along with his French bread, Turkish coffee and pure milk from Dutch herds.

The open pages rustle with the short, brusque movements of a gymnast and reader at once, as the curtains stir.

"Calm down, there."

The French, Turkish and Dutch line up in the room, companion sentries ensuring that the bread, coffee and milk enjoy the morning stability that he long considered to speak of a distant world — and which still beckons him with the morning news, next to the windowsill.

But the landscape beyond the curtains is motionless. The sea remains uniform in its confrontation with the city. The line of buildings and the mass of mountains do not change to the eye. No one passes by. Not a single palm tree bends. No moral force heavy as a storm.

Música

Música:

Batalha de ferramenteiro.
O ferruginoso. O que cintila.
Forma-se de uma substância tão paina
no ar, na volta de um respiro,
no rente de uma cercadura.

Músico:

Esforço de um ouvido que nasce caramujo.
Casa do mar. Casa do horizonte.
Cesta da dobradura
do som, do quebra-mar
por dentro do canudo torto.

Partitura:

Esteira para animais minúsculos
passando em caravana —
podem ser dromedários, elefantes pensos, pássaros
desabridos
que assim se apresentam ínfimos,
notações,
pontos pretos na risca do areal
para a real surpresa dos tímpanos
quando serão devolvidos
ao tamanho exato do que é vivo.

Music

Music:

Battle of the toolmakers.
What's rusty. What gleams.
Forms out of a substance like floss
in the air, in a breath exhaled,
in the nearness of a border.

Musician:

Effort of an ear that was born a snail.
House by the sea. House on the horizon.
Basket of folding
sound, of the breakwater
within a twisted reed.

Score:

Mat for tiny animals
going by in a caravan —
they could be camels, sloping elephants, insolent
birds
that appear insignificant,
notations,
black dots on the line of dunes
to the real surprise of eardrums
when returned
to the exact size of what's alive.

Desertificação

Um cisne chegando ao poema pelo lado dos lagos e dos salgueiros. Tão banal. Você o retira a tempo pela outra margem puxando-o pelo seu pescoço de cisne. Ele solta um grasnido e some. Sobram algumas penas no ar como seria esperado de poema que contempla paisagem. Com os dedos em pinça você as recolhe, uma a uma. Serviço limpo. Os salgueiros inclinam-se sobre os lagos. Os lagos refletem os salgueiros. A fatalidade do lugar-comum. Você se inclina sobre os lagos como fazem os salgueiros, mas por uma boa causa. Porém, antes de desmanchar com as mãos na água o que ali entrou sem a intenção do poeta (que você é, não o negue, à procura da resolução absoluta), nela aparece em primeiro plano — empurrando os salgueiros para trás que correm no vento como escoteiros aturdidos — um peixe farto olhando-o de volta com suas pálpebras de homem pisca-pisca, você, você, espécie transgênica nesse campo devastado da poesia.

Desertification

A swan arriving at the poem from the side of lakes and willows. Too commonplace. You move it over just in time to the other margin, pulling it along by the neck. It gives a cry and disappears. A few feathers are left in the air, as you'd expect from a poem on a landscape. Using your fingers as tweezers, you pick them up one by one. Clean work. The willow trees bend over the lakes. The lakes reflect the willows. The fate of clichés. You bend over the lakes as the willows do, but for a good reason. Even so, before putting your hands in the water to undo what ended up there without the poet intending it (and you are one, don't deny it, in search of absolute resolution), a well-fed fish appears in the foreground, pushing the willows back as they run before the wind like bewildered Boy Scouts, looking back at you with perpetually twitching eyelids, you, you, a transgenic species in this ravaged countryside of poetry.

Pelo retângulo da porta

Sentada com as pernas descruzadas a velha apoia nos joelhos o grande dicionário.

Procura nele a palavra que não lhe foi explicada nesses anos seguidos de conversa.

Curvada como se lhe doessem as costas; e as pernas tremem.

Os olhos lhe faltam no momento preciso, a cabeça tomba.

O dedo grosso manchado de tinta e de pigmento de sol procura no abecedário o caminho da palavra; por aqui e ali. O caminho se bifurca; outra escolha.

Pelo retângulo da porta o homem moço observa com curiosidade certa interrogação no ar e uma atenção de raiz, e as duas pernas que as sustentam, e os pés plantados no assoalho.

Through the Door's Rectangle

Sitting with legs uncrossed, the old woman holds a large dictionary on her lap.

She leafs through it, searching for the word never explained during all those years of conversation.

Hunched over as if her ribs hurt her, her legs trembling.

Her eyes fail her just when she needs them; her head droops.

Her stubby finger, stained by ink and the pigment of the sun, hunts here and there through the alphabet, seeking the word's pathway. The path forks: another choice.

The young man watches through the door's rectangle, curiously observing a certain questioning in the air and rooted attention, and the two legs that uphold them, and the feet planted on the floor.

II

(Ultraleve)

(Ultralight)

Modo

Viveu a dura vida —
a dura vida calada.
Como um sapato vazio
sem cadarço viveu.
Um sapato cambaio
à deriva
sem ele dentro. Viveu
fora de si
a dura simples vida.
Descalçou-se para dormir
na pedra. Sem um ai —
um som de queda.

Way

He lived a hard life —
a hard silent life.
Like an empty shoe
without a shoelace he lived.
A weak-legged shoe
drifting along
without him inside. He lived
outside himself
a hard simple life.
He took off his shoes to sleep
on stone. Without a groan —
a sound of falling.

Instruções amorosas

Telefona-me a horas mortas
e em tempo de frio.
Estarei hibernando como as marmotas
ainda que cave meu abrigo sob edredons
fêmea que sou de um outro hemisfério.

Meu celular,
pequeno como o lóbulo de minha orelha,
ficará aberto o tempo em que as marmotas dormem
no subsolo do mundo.

E no celular que te envio,
do tamanho da unha de teu polegar,
digita o meu número,
acessa o meu nome.

Instructions on Loving

Call me when I'm killing time
and when it's cold.
I'll be hibernating like a marmot
even as I burrow out my shelter under eiderdowns
female that I am from another hemisphere.

My cellphone,
small as my earlobe,
will stay on while the marmots sleep
in the basement of the world.

And on the cellphone I send you,
the size of your thumbnail,
dial my number,
access my name.

Os homens da prefeitura

Um poema escondido atrás de caixas
como ratos espreitando por baixo de fogões.

É um poema, e o seu pelo docemente cai
ao sopro do veneno que os homens põem
no coração das coisas.

Não são os homens da prefeitura
chegando com suas pérolas confeitadas
que matam dentro do doce — Ouça
o poema uma vez e outra

como ratos miúdos e prolíficos
sujos da miséria de seus ventres envenenados
ao morrer.

The Men at City Hall

A poem hidden behind boxes
like mice peeking out from underneath stoves.

It's a poem, and its fur falls out softly
on the poison breath that men put
into the heart of things.

It's not the men from city hall
arriving with their candied pearls
that kill within their sweetness — Listen
to the poem every now and again

like tiny prolific mice
foul with the wretchedness of their poisoned stomachs
when they die.

A tarde

Diante das conversas no velório
ficou meio esquecido.
Era calado e pequeno — era triste.

Uma criança o espiou
por baixo das pálpebras que se abriam
ela pensou — à luz das velas soprando —
para ver o que escondiam.

Nada. Estava vazio, e como a tarde
era também sem cor.

The Afternoon

Faced with the conversations at the wake
he became a bit forgetful.
He was quiet and small — it was sad.

A child peered at him
beneath eyelids that opened
thinking — in the light of the whispering candles —
to see what they were hiding.

Nothing. It was empty, and like the afternoon
it too was colourless.

Mulherinha mulherando

Três coisas nela são frias:
— o dedo dos pés
— a ponta do nariz
— o bico das tetas.
De quente ela traz o hálito
... e ofega.
O que tem de quente
e o que tem de frio
fazem as duas metades da noite.
Ela espanta as dores do mundo
e acende as luzes da cidade.

A Brassy Woman Being a Woman

Three things are cold in her:
— her toes
— the end of her nose
— the nipples of her teats.
From what's hot she brings breath
... and she pants.
What she has that's hot
and what she has that's cold
make the two halves of night.
She scares away the aches of the world
and rises to the city's lights.

O pequeno hiato

Ela traz guardado no peito
um prestativo alegre coração.
Juntos congratulam-se pela mata
florida por vaga-lumes —
o ar escuro na fresta dos galhos
longe, longe das cidades.

Pulsam um com o outro.
Ele palpita em seu peito
Ela no agitar das pálpebras.

Estão vivos e disso sabem
sempre atentos a qualquer anúncio de separação.
O prestativo alegre coração
jura-lhe fidelidade em alfabeto Morse (tão antigo).
Ela corresponde, os braços cruzados no peito
com mãos que nele batem, dih, dah.

O coração admite um cochilo
de raro em raro.

Tanto entendimento
que por vezes lhes fraqueja o juízo.
O pequeno hiato na conversa a dois
não os afeta.
O coração o tem por confiável.
Ela não lhe atribui importância.
Nada sério,

por ora.

A Short Pause

She brings a helpful, happy heart
shielded within her chest.
Together they congratulate themselves
on the flowering forest of fireflies —
the dark air in the gaps in the branches
far, far from cities.

They pulsate one with the other.
He throbs in his breast
She as she bats her eyelids.

They're alive and know this
forever attentive to signs of separation.
The helpful happy heart
swears to be faithful in Morse code (so old).
She reciprocates, her arms crossed on her chest
with hands that beat against it: dih, dah.

The heart lets itself doze off
from time to time.

So much understanding
that their judgement sometimes fails.

A short pause in their conversation
doesn't affect them.
They consider their hearts trustworthy.
She doesn't think it's important.
Nothing serious,

for now.

Europeia

Vida tristonha. Depois do verão
distraio-me com folhas caindo no outono.

Porém poucas caem
por estes lados do mundo.
Uma ou outra por vezes — amarela.

Eu me consolo
me sinto europeia.

European

A melancholy life. After the summer
I enjoy the leaves falling in autumn.

Yet only a few fall
in this part of the world.
One or another sometimes — yellow.

I console myself
feeling European.

Agendas

O que me intriga na vida
É ela não ter agenda própria.

Escrevo eu em uma agenda
Ela por cima escreve a sua.

Por isso eu gosto da vida.
Porque não se leva a sério.

Porque me atraiçoa.

Agendas

What intrigues me about life
Is that it doesn't keep an agenda.

I write in an agenda
It writes over mine.

That's why I enjoy life.
Because it doesn't take itself seriously.

Because it betrays me.

As mãos os olhos

As mãos curiosas os olhos sonolentos.
As mãos se imiscuem os olhos piscam.
As mãos olham com as pontas dos dedos
ao redor — A palmeira no centro.
Os olhos se esfregam no sono
como os recém-nascidos na mama.
Partiram os olhos deixaram as mãos
sem resposta — vazias
na vigília fechando e abrindo
como pálpebras.

Hands Eyes

Curious hands drowsy eyes.
Hands meddle eyes blink.
Hands look around with
fingertips — The palm in the centre.
Eyes are rubbed in sleepiness
like newborns do at the breast.
The eyes are gone the hands left
without a response — empty
in their watchfulness closing and opening
like eyelids.

III
(Figuras)

(Figures)

Choro

para pixinguinha

Os que morreram estão perto do muro.
Por terem morrido afinaram como salgueiros
à contraluz
visíveis apenas de perfil
à tarde
contra o sol inclinando-se
são finos e escuros
como frestas de uma grade.
Assobiam de dentro
do que
não se sabe — nem como
se abraçam com tão finos braços
de corda, de viola.

Choro*
for Pixinguinha

Those who've died are near the wall.
Because they're dead they've tapered in tune like willows
against the light,
barely visible in profile
in the afternoon
outlined by the tilting sun
they're slim and dark
like slits in a railing.
They whistle from within
about what
no one knows — nor how
they embrace each other with such delicate arms
of strings, of violas.

* Choro (literally *crying*) is a form of popular Brazilian instrumental music that originated in Rio de Janeiro in the nineteenth century and is known for its virtuosity and syncopation. Alfredo da Rocha Viana, Jr., known as "Pixinguinha" (1897–1973), was a Brazilian musician and composer who popularized the *choro* and gave it a more complex, contemporary sound.

Travesti

Prendeu a roupa no varal
e do outro lado dos lençóis
o mundo.

Esconde-se no branco lavado.
Não quer que o mundo, os outros a revelem

no sol que a incendeia.
E o seu nome é Radiância.

Quem o deu foi o doutor do Abrigo
sabedor dos que trazem na matalotagem
assombramento e luz.

Tendo por nome de chegada Cipriano
vindo da Paraíba ele
para São Paulo — Hoje

... Radiância ela,
no lusco-fusco das esquinas
    Rainha.

Transvestite

She fastened clothes on the clothesline
and on the other side of the sheets
the world.

She hides in the washed whiteness.
She doesn't want the world or the others to reveal her

in the sunlight that sets her aflame.
And her name is Radiância.

The one who called her that was the doctor in the shelter
who knew about those who bring astonishment and light
in their gear.

His name when he arrived was Cipriano
coming down from Paraíba
to São Paulo — Today

... she's Radiância,
in the twilight corners,
    Queen.

Surfista

Tinha o corpo pronto para fazer filhos
e surfar à grande.
Não lhe guardei o nome. Era um homem

de ancas estreitas e ombros largos.
O seu peito arrostava os repelões do ar.
Não perdia o equilíbrio

e a musculatura o trazia
a um palmo acima da água.
Tanta força e destreza
vinha-lhe do arcabouço exato.

Veloz, impunha respeito às gaivotas.
Elas não lhe batiam no crespo da cabeça
de caracóis duros como o das estátuas.

Era um homem feito
e sabia o quanto. Ele pensava

a sua descendência de ouro.
Esperma e espuma fosforesciam na noite.

O surfista corria pelo escuro do mar
sonhando novos obstáculos —
o olhar esperto e vigilante.

Golpeado por um impulso a contrapelo
— vagalhão sem lei —
a prancha partiu-se em dois
e os urubus lhe abriram espaço
no céu das gaivotas.

Da praia sua descendência se desata
no raso da vazante — maré vazia.

Surfer

He had a body ready to make children
and surf the big one.
I can't recall his name. He was a man

with narrow hips and large shoulders.
His chest braved the thrust of air.
He didn't lose his balance

and his musculature took him
inches above the water.
Such strength and skill
came from the precision of his frame.

His speed commanded the gulls' respect.
They never touched the rough curls
spiralling on his head as solid as those of statues.

He was a grown man
and knew it. He thought

his descendants would be golden.
Sperm and spume gleamed phosphorescent in the night.

The surfer sped over the sea's darkness
dreaming of new obstacles —
with an expert, vigilant gaze.

Knocked sideways by a sudden force
— a huge lawless wave —
the surfboard broke in two
and the vultures opened space for him
in the sky of seagulls.

His descendants are unloosed along the beach
in the shallow pools of the ebbing tide.

Jiboia

Depois do almoço
Palmira jiboia.
Tem cisma com termo mais light:
sesta — de *socialite*.
Palmira não gosta.

Olha para o alto.
Enxerga árvores
onde há telhados.
E telhas partidas caem.

Sopra a brisa do morro
esfriando-lhe a nuca.
Mas é o vento encanado
de portas batendo.
Palmira não escuta.

Palmira por trás da modorra
espiona a vida sebosa.
Acorda. Espirra.

E o lençol que a enrola
fabrica uma cobra de giz.
Palmira não gosta.

Por que não ter como sua
uma nova figura
que lhe sirva de espelho?

Uma cobra top model —
a coral, por exemplo.

Boa

After lunch
Palmira sleepily digests, boa-like.
She has daydreams with themes, but light:
the siesta of a socialite.
Palmira doesn't like it.

She looks up above.
Discovers trees
where there are roofs.
And broken tiles fall off.

A breeze from the hill
chills the nape of her neck.
But it's just a current of air
from doors that slam.
Palmira doesn't listen.

Palmira's drowsy eyes
spy on supercilious life.
She wakes up. Sneezes.

And the sheet she's wrapped in
makes a chalky serpent.
Palmira doesn't like it.

Why not get herself
a new figure
to serve as a mirror?

A fashion model viper —
the coral snake, for example.

Palmira boceja. Recusa.
E o seu corpanzil sem remorsos
navega nas horas da grande preguiça.
É barco, bote, bandeja, bacia

Jiboia gozando a sesta
de gente que pode

triturar pela boca o mundo arrastando nas cheias
benesses, roedores, reses...

Palmira yawns. Rejects the idea.
And her heavy body, without remorse,
navigates through the slothful hours.
She's a ship, boat, tray, basin

Boa enjoying the siesta
of people that can

grind up the world in their mouths dragging
profits, rodents, cattle through the floods.

Luta

Morreu a mãe ao perder o choro.
Pregaram-lhe um susto grande
tal qual se fazia antes
com meninos de berço
para o choro saltar de volta
com um barulho forte
de água de bica.
A parentela em círculo aliviada
batendo palmas.
Porém o fôlego não lhe voltou.
Não lhe saltou de volta a vida.

Antes de antigamente,
de crianças pequenas tramando
artes, lutas guerreiras,
dando coices de passarinho no inimigo.
Mas o ar se desentendeu à sua volta
e a mãe recebeu um cocar
— como se índia fosse —
de penas de corvo.

Struggle

Their mother died when she lost her crying.
They gave her a sudden scare
like people used to do
to children in the cradle
so a burst of crying would bounce back
with a sudden sound
of water from a spout.
The relieved relatives standing in a circle
clapping their hands.
But her breath never returned.
Her life didn't jump back.

Before the long ago
of small children contriving
mischief, guerrilla battles,
kicking like sparrows at the enemy.
But the air around them feigned ignorance
and the mother received a plume
— as if she were an Indian —
of crow feathers.

Céu

Pelo cemitério.

Menino nanico e os pais indo à frente.
Ele — arrastando os passos,
um pé mais o outro.
Os mortos eram deles, pais,
não os havia conhecido, nada lhes devia.

A certo momento parou e pensou
na excursão como plano fechado,
para a hora.

Subiria no túmulo mais baixo.
Em mais um, e mais um acima.
Os mortos seriam de outros,
pisaria suas cabeças prensadas
pela vida que lhes pesava por cima,
fechadas no silêncio
do escuro sob a pedra.

De cada pedra fazer um degrau para o alto.
No último túmulo aspirar fundo e dar o impulso
escorado por algum braço de mármore,
algum ângulo de cruz polida
com arestas de navalha.

Sem raspar o cimento com as pontas do calçado
no impulso passaria em voo sobre o muro,
tombando no terreno vizinho

onde meninos livres e terríveis
brincam sem trégua de tudo que lhes é proibido
chutando bolas murchas e cacos de garrafa,
dando os gritos agudos dos cantores e dos bichos

no meio do terreno baldio
do outro lado do muro.
No centro do céu.

Sky

Across the cemetery.

A dwarfish child and his parents walking at the front.
He — dragging his steps,
one foot after the other.
The dead were theirs, his parents',
he hadn't known them, didn't owe them anything.

For a moment he stopped and thought
of the outing as a closed plan,
for now.

He'd climb up on the lowest gravestone.
Onto another, and then up one higher.
The dead would belong to others,
he'd step on their heads squeezed
out by the life that weighed them down,
closed in the silence
of darkness beneath the stone.

Making every tombstone a step to the heights.
Taking a deep breath on the last one and pushing forward
supported by some marble arm,
some angle of a polished cross
with knife-sharp edges.

Without scratching the cement with the toes of his shoes
in the thrust he'd move off in flight over the wall
falling into the neighbouring yard

where terrible, free children
endlessly played at everything forbidden
kicking withered balls and shards of bottles,
giving the sharp cries of singers and animals

in the middle of the vacant lot
on the other side of the wall.
In the centre of the sky.

Excursionistas

Um menino novo cor de palha.
Um cachorro velho cinza trapo.
O menino leva consigo um apito
o cachorro traz um guizo ao pescoço

para não se perderem.

Para serem lembrados
vão deixando fina pista de som no ar
como os fios de telefone à altura das árvores
levam mensagens.

Seguem no encalço dos brejos iluminados
por surpresas.

Orientam-se pelo córrego dos esgotos
que espumejam na guia das ruas.

Levam também um mapa de estopa.

O cachorro se atrasa a cada poste.
Ergue uma pata e a metade do corpo
com a graça de uma bailarina clássica.

O menino faz de outro jeito.
De longe em longe.
De pé, as pernas abertas
como um goleiro.

Mal passaram e já estão desaparecidos.

Mas teriam existido com certeza
afirmam os que ainda escutam os sons
deixados para trás presos às árvores
que murmurejam
com as linhas telefônicas.

Day Trippers

A new boy the colour of straw.
An old dog rag grey.
The boy carries a whistle with him
the dog has a bell on its neck

so they won't get lost.

So as not to be forgotten
they leave a fine trail of sound in the air
like telephone wires as high as the trees
carry messages.

They're off in pursuit of marshes lit up
with surprises.

They find their way from the stream of the sewers
that foam along the curbstones.

They also carry a fibrous map.

The dog lags behind at every pole.
He raises a leg and half his body
with the grace of a classical ballerina.

The boy does it another way.
From time to time.
Standing up, his legs apart
like a goalie.

They just went by and have already vanished.

But those who still hear the sounds
they left behind imprisoned in the trees
that murmur
with the telephone lines
believe they must surely have existed.

Menino noitedia

1
Medo que o sol lhe caia aos pés da cama. A quina da
madeira, nua, de espiã. A fronha murcha e o travesseiro
socado a um canto. Léguas e léguas de sonho na carretilha.
Aos pés da cama, caído, um ruivo mau:
       o sol.

2
Mas a certa hora o adormecido levanta-se lépido molhado
pelas águas da manhã, pernas de fora, lavadas. Saltam os
olhos do retângulo da janela para a cumeeira do mundo,
seguindo, com muita festa, o farolete de espavento que
esperta o dia:
       o sol.

Nightday Child

1
Fear that the sun would fall on the feet of his bed. A naked
corner of wood, spying on him. The faded pillowcase and hidden
pillow in a nook. Leagues and leagues of dreams in the spool.
Fallen at the foot of the bed, an evil redhead:
        the sun.

2
But at a certain moment the sleeper nimbly gets up wet
with the morning waters, legs naked, washed. His eyes leap out
from the window's rectangle toward the ridge of the world,
joyfully following the light of astonishment that
awakens the day:
        the sun.

O jogo da cabra-cega

A morte exige da cabra
no jogo da cabra-cega
a cabra-cega completa.
Mais do que cega, muda.
Mais do que muda, surda.
No corpo nenhum movimento.
Na testa nenhum pensamento.

Ao redor gritam os pentelhos:
me pega, me pega, me pega,
me pega, me pega se pode.

Com ouvido mouco ela acolhe
o desafio das palavras.

E com pernas sem movimento
ela se locomove.
E com mãos espalmadas sem tato
ela os toca, ela os toca.

Gritam os pentelhos, desamparados —
e são feras, feras caídas
acuadas nas luzes do pátio.

Separados, se acusam, desmentem:
Você, não eu, foi marcado.

O lenço no olho da cabra
já mudou para outro endereço.

Que rosto foi que o ganhou?
Quem o amarrou apertado?

Quem o cegou como à fera
que se abate partida no mato?

Blind Man's Bluff

Death demands that the it
in the game of blind man's bluff
be a blind man completely bluffed.
More than blind, mute.
More than mute, deaf.
No movement in his body.
No thought in his head.

The tormentors circle shouting
find me, find me, find me,
find me if you can.

With a deaf ear death accepts
the words' challenge.

And with motionless legs
it begins to move about.
And with flat, sensationless hands
it touches them, it touches them.

The tormentors cry out, desolate —
and are wild beasts, wild beasts fallen
cornered under the patio lights.

Separate, they accuse one another, denying:
You're the one, not me, who's it.

The cloth over the blindfolded eye
has already moved on to another address.

What face was the winner?
Who tied the blindfold tight?

Who blinded him like the wild beast
that falls, hacked down in the woods?

A morte exige severa
que o jogo da cabra-cega
seja jogado sem erro.

... me pega, me pega, me pega, me pega, me pega se pode...
... você, você, você, não eu, não eu, não eu, foi marcado...

Death is strict in its demand
that blind man's bluff
be played out in full.

... find me, find me, find me, find me, find me if you can ...
... you're the one, you're the one, not me, not me, not me, who's it ...

IV

(Estações)

(Seasons)

Luto

A chuva passa longe — distante
o raio vai cair no lago.
Vestem-se os peixes de preto para a morte.
Mas primeiro suas escamas relampejam
como nunca antes. Como nada igual.

Primeiro um anzol de fogo
na ponta de uma linha súbita
suspende no ar os peixes com o lago

para os largar de volta
na planície — com estrondo.

O lago se desencrespa e aquieta.
Os peixes,
cobertos de preto para a cerimônia fúnebre,
vagarosos vão passando pela água sem
o empuxo das nadadeiras.
Soltos
como nunca antes. Como nada igual.

Mourning

The rain passes by far away — in the distance
a lightning bolt is about to strike the lake.
The fish are dressing in black for death.
But first their scales flash
like never before. Like nothing else.

First a hook of fire
at the end of a sudden line
suspends the fish and lake in the air

and then throws them back
to the ground — with a boom.

The lake grows calm and falls still.
The fish,
covered in black for the funeral ceremony,
move leisurely through the water without
the thrust of their fins.
Free
like never before. Like nothing else.

Relojoaria velha

O coração preso no relâmpago.
Um risco de ouro no vento: furibundo.
Um clamor de pânico no maquinismo

velho como os ares do verão a cada ano.
Chicote rápido elétrico sovando o céu.
Trovão e quebra
do coração ribombando longe.

Rente ao chão o aguaceiro alegra
minhocas saltando livres
molas soltas no barro.

The Old Watchmaker's Shop

The heart imprisoned in the lightning bolt.
A golden slash on the wind: furious.
A clamour of panic in the mechanism

as old as the summer air each year.
Quick electric whip lashing the sky.
Thunderclap and the breaking
heart rumbling in the distance.

Close to the ground the downpour delights
earthworms leaping up free
springs released from the mud.

Após o inverno

Desarrumação em setembro. O vento batendo as portas e a floração rebentando nas cercas vivas. O céu por vezes de terracota bem acima das cabeças, mas também finas agulhas de gelo imiscuindo-se pelas frinchas, noite alta. Era em São Paulo. Então se entende: o mato bravo torcido pela chuva, o prédio em demolição pingando água salobra. Queimação e calafrio na matriz dos sonhos. Com o coração nas mãos você em vão corre atrás de uma promessa antiga de calendário — de quatro estações arrumadas como quatro ovos em um cesto, cada ovo uma cor, quatro anúncios de vida própria e diversa chegando cada uma por vez, a seu tempo — paulistano; insensato.

After the Winter

Disarray in September. The wind beating at the doors and the blooms bursting in the hedges. The sky sometimes terracotta high above our heads, but also fine needles of ice jabbing into the cracks late into the night. It was in São Paulo. Then we understood: the furious scrubland twisted by the rain, the half-demolished building trickling brackish water. Burning and shivering in the womb of dreams. Sick at heart, you run vainly after one of the calendar's ancient promises — of four seasons arranged like four eggs in a basket, each a different colour, four announcements of unique and diverse life arriving one at a time, at their time — as in São Paulo: senseless.

O filósofo na primavera

Não gosta de mostrar que está pensando
porque isso lhe parece pouco real.
Disfarça, e finge estar olhando
o passarinho bebendo água no beiral

do telhado — de sua casa de cal e pedra
onde mora com sua família de pedra e cal.
Onde estará o real, ele pergunta em pensamento
com medo que descubram, cedo ou tarde,
sua ocupação principal:

Fazer perguntas que escapam, batendo as asas
como os pássaros para o beiral das casas.

Philosopher in Springtime

He doesn't like to show he's thinking
because it doesn't seem to him very real.
He disguises it, pretending to watch
the small bird drinking water in the eaves

of the roof — of his whitewashed stone house
where he lives with his stone whitewashed family.
Where could the real be, he wonders pensively
afraid that sooner or later they'll discover
his principal occupation:

Asking questions that escape, flapping their wings
like birds along the eaves of houses.

V

(Lírica canhota)

(Left-Handed Lyric)

Aliança

Lua —
O que ainda se pode dizer dela.
Que é nua. Sem enfeite.
Sua força nasce da luz branca
baça, que a imprime.
Mesmo no minguante
é o círculo que a sustenta.

Mas se algum observador
levar em conta suas manchinhas
poderá tomá-las como aquelas conhecidas
por flores de cemitério
sobre o dorso de mãos que anoitecem.

E mesmo se breve a união
e a comparação soar impura
entre a superfície humana e a da lua,
terá o coração leve e pisará em nuvens
alegre com a invenção em forma de aliança.

Ring

Moon —
What can still be said about it.
That it's naked. Unadorned.
Its force is born from the tarnished white
light imprinted on it.
Even when it's waning
it's the circle that sustains it.

But if some observer
were to notice its little spots
he might take them for those known
as cemetery flowers
on the back of darkening hands.

And even if the union is brief
and the comparison between a human surface
and a lunar one sounds impure,
it will have a light heart and walk on clouds
happy with this invention shaped like a ring.

Passaroco
o nome esquecido da melancolia

Quero me ir devagarinho
como iria um passarinho.

Mas como iria um passarinho?
Já vi passarinho morto.
Passando a morto não vi.

Mas passarinho e vagarinho
soam parelhos à vida
que vai no compasso igual
dos relógios tiquetaque
que já não são deste mundo

e só fazem ruído por dentro
naqueles que hoje morrendo
vieram de tempos passados
dos relógios com alarido.

Tenho pena de mim que não tenho
penas de passarinho

que se soltam dos ninhos
e com o vento
formam redemoinho

erguendo uma ponte aérea
entre a terra
e o céu dos homens

onde só nascem árvores
que nunca perdem as folhas.

Para elas queria ir chegando
com ares de passarinho

A Small Bird's Sorrow
the forgotten name of melancholy

I want to go off slowly
like a small bird would.

But how would a small bird go?
I've seen dead ones.
I've never seen one passing into death.

But small birds and taking time
sound similar to life
that moves at the same rhythm
as the tick-tock clocks
that no longer exist in this world

and only make noise inside
those dying today
that came from past eras
of vociferous clocks.

I feel sorry for myself for not having
the feathery sorrows of small birds

that fly off from their nests
and whirl
with the wind

raising an aerial bridge
between the earth
and sky of men

where the only trees born
never lose their leaves.

It's toward them that I want to go
with the air of a small bird

levando bagagem pequena
com certo acento de voo

e uma tristeza branda
com a qual se forram nos ninhos

o travesseiro daqueles
que a chamam melancolia

e eu diria passaroco.

taking a bit of baggage
with a certain accent on flight

and the gentle sadness
with which they line their nests

the pillow of those
who call it melancholy

and I'd say a small bird's sorrow.

O arquiteto e a bailarina

Como um compasso
as pernas de aço abertas

Primeiro uma perna no chão
a outra perna na barra

Depois a troca das duas
pontas da sapatilha

Com os pés em ponta ela faz
aquilo que ele lhe ensina

O compasso nas mãos que o seguram
se abre e desenha um círculo

No umbigo ele a beija com a língua
como ajusta um parafuso

Sem exasperar a pressão
insiste e abre caminho

Avança seguro e cego —
na reta o ponto de fuga

Depois com mãos que arquejam
desenha a planta do mundo.

The Architect and the Ballerina

Like a rhythmic compass
her legs of steel open

First one leg on the floor
the other leg on the barre

Then the exchange of the two
slipper toes

With her feet on pointe she does
what he shows her

The compass in the hands that hold it
opens and sketches a circle

On the navel, he kisses her with his tongue
like adjusting a screw

Without heightening the pressure
he insists and opens the way

Advances surely and blindly —
the vanishing point on the line

Then with arched, panting hands
he draws the plan of the world.

Nosferato da serra[*]

Deitada,
não dormia.

Fingia-
-se de morta,
mas sofria.

Pela janela apresentou-se
um habitante da noite.

Morcego de grande porte,
ou seria um homem.

Com a curvatura própria
a um estancieiro de longa capa
dobrou-se,
e nela se acertou
como a uma luva.

Pela manhã bateram à porta.
Era tarde. Ela dormia.

Diziam que fingia o sono
àquela hora do dia
e que sua carne era um deserto.

Pois da noite que se fora
a hera que a cobria
consumira-lhe a umidade.

Sua carne era fantasia.

[*] ...d'Água, da Ajuda, da Canabrava, da Esperança, da Raiz, das Araras, da Saudade, da Tapuia, de Santo Antônio de Itacambiruçu, dos Aimorés, do Boi Preto, do Salitre, dos Cristais, dos Dourados, dos Matões, dos Arrepios, dos Brasis...

Nosferatu of the Mountains[*]

Lying in bed,
she couldn't sleep.

She pretended to
be dead,
but was suffering.

An inhabitant of the night
appeared at the window.

An enormous bat
or could it be a man.

Curving down
like a rancher in a long cape
it doubled up,
and fit over her
like a glove.

In the morning they knocked on the door.
It was late. She was sleeping.

They say she was pretending to sleep
at that time of day
and that her flesh was a desert.

The ivy that covered her
from the night that had left
had sucked out her moisture.

Her flesh was fantasy.

[*] ... of the Serras d'Água, da Ajuda, da Canabrava, da Esperança, da Raiz, das Araras, da
Saudade, da Tapuia, de Santo Antônio de Itacambiruçu, dos Aimorés, do Boi Preto, do Salitre,
dos Cristais, dos Dourados, dos Matões, dos Arrepios, dos Brasis...

O amigo lento

Você, amigo lento,
caminha e nunca chega para o abraço.

Sonhei que vinha —
mas a chuva breve e forte acordou-me
antes que você me alcançasse.

Sua lentidão é como certa variação na água
presumo —
uma flutuação de músculos
que mal pesa no esforço conjugado.

Ainda assim por que não chega, eu me pergunto,
se há tanta determinação nos passos
e o peito largo e o olhar reto
não escondem nada que possa haver de dúbio.

Na grama o seu andar não deixa
lastro de som e nem precisa
para afirmar que vem.

Espero sempre, e de novo adormecido, sonho.
No sonho sua mão se acha a um palmo do meu ombro
como a asa aberta de um pássaro.

Desperto para a chuva forte que fere a grama
sem que pássaro algum desça até o meu ombro
fechando nele as asas como anúncio de amizade.

Slow Friend

You, slow friend,
come forward, but never meet my embrace.

I dreamt that you appeared —
but a cloudburst awoke me
before you could reach me.

Your slowness is like a certain variation on the water
I imagine —
a fluctuating muscle
that barely affects the combined effort.

Even so, why don't you ever make it, I wonder,
when there's such determination in your footsteps
and your broad chest and steady gaze
hide nothing that holds a trace of hesitation.

Your footsteps on the grass leave not
a pebble of sound and never need
to prove their coming.

I wait forever and, asleep once again, dream.
In my dream your hand is almost on my shoulder
like a bird's open wing.

I wake up to the pounding rain wounding the grass
without a single bird alighting on my shoulder
closing its wings and announcing its friendship.

VI
(Palcos/Encenações)

(Stages/Stagings)

Aberto à visitação

O teatro do mundo está aberto à visitação.
O globo terrestre se oferece em espetáculo.
Quando acabar o espetáculo, acaba o mundo.
O sol foi pintado de preto para diminuir o impacto
do fim do mundo.

Um pobre-diabo pateia e pede o dinheiro de volta.
Lhe fazem, psiu, psiu.
O mundo acabando e ele nem se dá conta.
Calma:
Este mundo no palco tem uma lua de estanho batendo no céu
como um gongo anunciando as horas noturnas.
Um galo branco com a goela aberta na madrugada
puxa o recomeço dos dias com a força de uma carreta de estuque.

As terras e os mares do mundo
são de difícil representação, como os homens, as nuvens.
Oferecem o espetáculo da inconstância —
formigas e elefantes trocam de lugar na cena.
Há graça no mundo quando o trevo é de quatro folhas;
e a vitória-régia — colosso de pétalas — flutua.

(Muita desenvoltura de fauna e de flora.)

São artes que apontam para o que no palco
é puro engenho de cenografia:

como o galo de estuque, a lua de estanho, o sol pintado de preto.

Open to the Public

The theatre of the world is open for visiting.
The earth offers itself up as a spectacle.
When the show ends, so does the world.
The sun has been painted black to lessen the impact
of the end of the world.

One poor guy stamps his feet and asks for his money back.
Shh! they tell him.
The world's ending and he doesn't even know it.
Take it easy:
This world on the stage has a tin moon striking in the sky
like a gong telling the night hours.
A white rooster, its throat open in the dawn,
hauls along the ever-beginning days with the force of a stucco cart.

The lands and seas of the world
are difficult to represent, like people, clouds.
They offer the spectacle of instability —
ants and elephants trade places on the stage.
There's charm in the world when the clover is four-leafed
and the Amazonian water lily — a colossus of petals — flutters.

(A lot of licentiousness of fauna and flora.)

They're arts that speak of the pure ingenuity
of the settings on stage:

like the stucco rooster, the tin moon, the sun painted black.

Um otimista

Quanto mais velho, mais saltitante.
Mais corcovado, mais buliçoso.
Quando um dia, apesar dos arroubos, finda,
pelo retrovisor espiona
os que se apressam às suas costas.
Avançam compenetrados
e se municionam de pás, lenços e guarda-chuvas.

Açodamento e hipocrisia, confabula o finado a caminho.
Ordens suas
expressas e não acatadas:

Nenhum enterramento.
Apenas:
uma incineração afinada com os dizeres da Mulher do Tempo:

"Nuvem passageira, eu passando. Céu encoberto melhorando
no decorrer do período".

An Optimist

The older he gets, the more he hops around.
The more hunched over, the livelier.
Then one day, despite the ecstasies, it's over.
In the rearview mirror, he spies
the ones hurrying along behind
advancing convincedly,
armed with shovels, handkerchiefs and umbrellas.

Haste and hypocrisy, the dead man grumbles along the way.
His express orders
disregarded:

No burial.
Only
a cremation in tune with the words of the Weather Woman:

"A passing cloud, myself going by. Overcast skies
gradually clearing."

Os silêncios do grande mestre

Não existe montante de palavras
que mostre o quanto é inteligente.
Daí prefere palavra alguma.
E fica a olhar o horizonte —
mudo, mas com ar de entendido.

Um franzido entre os olhos
e basta. O rugido do mar
não o perturba.
No horizonte um naviozinho passa,
simples verruga na pele da água.
Que passe!
Idas e vindas não o confundem.

Na areia
um florilégio de espuma lhe chega aos pés.
Os discípulos o afastam com cautela.
Dentro do emaranhado branco
pode haver tentáculos de água-viva
da infecta zombeteira crítica

à espera para atingir O Grande Mestre.
Arrancar-lhe dos lábios
uma exclamação de dor extrema
ou o que é pior
um ai-ai-ai
seguido de palavras corriqueiras.

Já souberam dos que meditam de cócoras?
E só abrem a boca para engolir suas papas?

Oh!

Silences of the Grand Master

There's no amount of words
to show how intelligent he is.
That's why he prefers no words at all.
He stays gazing out at the horizon —
mute, but with a knowing air.

A wrinkle between his eyes
is enough. The roar of the sea
doesn't disturb him.
A small ship passes by on the horizon,
just a wart on the water's skin.
Let it go!
Comings and goings don't confuse him.

On the sand
a flowering of foam washes up to his feet.
His disciples carefully move him away.
Within the white tangle
there could be jellyfish tentacles
of depraved mocking critics

waiting to grab the Great Master,
to wrench an exclamation of acute pain
from his lips
or even worse
an ouch
followed by trivialities.

Did you hear about the people who meditate in squatting position?
And only open their mouths to gulp down their mush?

Oh!

O grito da maritaca

Restará sem a certeza
do que é que o seu ouvido
escuta dentro na sala:
Serão conversas privadas

ou o que vem pela janela
de fora, da grande avenida —
Serão buzinas, o vento,
o escapamento de um carro,
ou o grito da maritaca
fugida do cativeiro
em que o vizinho a tem presa
por despique às grandes causas.

Na sala alguém se interrompe
fecha a janela — o alvoroço
de fora não lhe permite
continuar a sua fala:

Será informe reservado
ou investigação do que corre
em segredo de Justiça.

Será o desmonte da verdade.
Há silêncio na sala
de voz humana — Apenas

ressoa como pancadas
batendo contra a vidraça
o grito da maritaca.

The Parrot's Screech

He remains uncertain
as to what his ears really
hear in the room:
It could be private conversations

or what comes through the window
from the broad avenue outside —
horns, the wind,
a car's exhaust pipe
or the screech of a parrot
that's escaped captivity
from the neighbour who keeps it prisoner
out of spite for great causes.

Someone in the room stops speaking
and closes the window — the din
outside won't let him
continue what he's saying:

Perhaps it's a classified report
or an investigation of what's being said
in judicial secrecy.

Maybe it's truth being disassembled.
The human voices in the room
fall silent —

The parrot's screech
barely echoes
like blows against the windowpane.

Um dia morto de medo

— DESCENDO —

No elevador há recados:
"Cuidado, não olhe para os lados"

Quando a porta se abrir não queira
sair pisando forte.

Apague trilhas

Faça do pátio um tapete voador.
Você não vai.
É levado.

Ombros para trás:
coragem.

Rosto para baixo:
não abra o jogo.

O perigo bate de frente:
não o afronte.

Nunca olhe no olho do perigo.
Ora ele se disfarça

no menino da lavanderia
atrás do cabide —

ora no entregador de pizza.
Dentro da caixa redonda,
o estampido.

Passando pela portaria
não falseie o passo —

Continue,
não titubeie

A Day Deathly Afraid

— GOING DOWN —

There are signs in the elevator:
"Be careful: Do not glance aside."

When the door opens do not intend
to step directly out.

Erase your footprints

Turn the patio into a flying carpet.
You can't go.
You're lifted away.

Shoulders back:
courage.

Look down:
don't show your cards.

Danger's coming head-on:
don't tempt it.

Don't look danger in the eye.
One moment it's disguised

as the kid behind the hangers
at the laundry —

and then as the pizza deliveryman.
Inside his cardboard box
an explosion.

Don't change your pace
as you go by the reception desk —

Keep on,
don't waver

não se deixe fascinar
por curiosidade indevida —

saber quem se encontra
atrás do vidro com insufilme:

o porteiro de todo dia
ou aquele do nunca mais.

— ATENÇÃO —

Informes velozes alertam:
"não prossiga".

Desista.

Já.

Cautela:
não deixe que aflore o recuo tático.

(repita o bobo no tapete voador)

Você não pensa.
Você não sabe.

Somente lenta meia-volta-volver
repetitiva
como se flutuasse o corpo
seguindo o corrupio das folhas.

Apenas um arrependimento do corpo.

O dia rendido.

— PARA O ALTO —

Regresse.

don't let yourself be enticed
by undue curiosity —

know who it is
behind the tinted glass:

the guard who's there every day
or the one never again.

— ATTENTION —

Instantaneous messages warn:
"Do not proceed."

Desist.

Now.

Caution:
Don't let the tactical retreat show.

(keep doing like the idiot on the flying carpet)

You don't think.
You don't know.

Only a slow about-face
as repetitive
as if the body were flickering
along with the whirling leaves.

Scarcely a regret from the body.

When the day surrenders.

— GOING UP —

Return.

VII

(Glosa)

(Gloss)

(Variação sobre poema de Ruy Belo, poeta português, a pedido de Osvaldo Silvestre, assim como a outros autores, para o número 15 da revista de poesia *Inimigo Rumor*, que a ele dedica um dossiê, aos "vinte e cinco anos da morte e aos setenta do nascimento".)

ALGUMAS PROPOSIÇÕES COM PÁSSAROS E ÁRVORES QUE O POETA REMATA COM UMA REFERÊNCIA AO CORAÇÃO

Os pássaros nascem na ponta das árvores
As árvores que eu vejo em vez de fruto dão pássaros
Os pássaros são o fruto mais vivo das árvores
Os pássaros começam onde as árvores acabam
Os pássaros fazem cantar as árvores
Ao chegar aos pássaros as árvores engrossam movimentam-se
deixam o reino vegetal para passar a pertencer ao reino animal
Como pássaros poisam as folhas na terra
quando o outono desce veladamente sobre os campos
Gostaria de dizer que os pássaros emanam das árvores
mas deixo essa forma de dizer ao romancista
é complicada e não se dá bem na poesia
não foi ainda isolada na filosofia
Eu amo as árvores principalmente as que dão pássaros
Quem é que lá os pendura nos ramos?
De quem é a mão a inúmera mão?
Eu passo e muda-se-me o coração.

— Ruy Belo
Homem de Palavra(s), 1970

(Variation on a poem by Ruy Belo, a Portuguese poet, at the request of Osvaldo Silvestre, as well as other authors, for issue 15 of the poetry review *Inimigo Rumor*, which dedicates an entire section to his work, "twenty-five years after his death and seventy since his birth.")

123

SEVERAL PROPOSALS WITH BIRDS AND TREES THAT THE POET FINISHES OFF WITH A REFERENCE TO HIS HEART

Birds are born on the tips of trees
The trees that I see bear birds instead of fruit
Birds are the trees' liveliest fruit
Birds begin where the trees leave off
Birds make the trees sing
When the trees reach the birds they thicken sway
leave the plant kingdom and become part of the animal kingdom
The leaves of the trees land like birds on the ground
when autumn falls covertly over the fields
I'd like to say the birds emanate from the trees
but I'll leave that way of speaking to novelists
it's complicated and doesn't go well with poetry
it hasn't yet been isolated in philosophy
I love trees especially those that give birds
Who is it who hangs them there in the branches?
Whose is the hand the innumerable hand?
I go by and my heart is transformed.

— Ruy Belo
Man of Word(s), 1970

PROPOSIÇÕES COM PÁSSAROS E FOLHAS QUE O OBSERVADOR ESTENDE AO ENGENHO HUMANO COM CERTA REFERÊNCIA AO CORAÇÃO

Folhas de árvores são pássaros planadores. Muito antes dos aeroplanos, dos ultraleves, já lá estavam, sempre estiveram, em seus trapézios e hangares.

Diversamente de outros pássaros, não planam as folhas-pássaros por um período longo. Nem o fazem a qualquer dia do ano.

Tampouco abrem as asas para o voo, pois são, por inteiro, asas.
Seus corpos sem relevos, apenas com ranhuras, as minúsculas cabeças de olhos tristes recolhidos atrás de pálpebras (só por uma fresta de luz lhes é dado ver o universo), suas patas retráteis, tudo neles se comprime, perde volume, se achata, guarda o feitio de asas tudo, a parte e o todo um pelo outro, tudo asas, asa, como ocorre com certas lagartas que se fundem às cores dos troncos nos quais se disfarçam.

São asas plenas mas aguardam sua ocasião de voo. Exercitam-se os pássaros planadores nos trapézios-árvores executando cabriolas impensáveis aos palhaços humanos, humilhando-os com sua leveza e seu tino para o equilíbrio, apoiados apenas por uma perninha-galho exposta unicamente para o exercício habitual.

Assim como os morcegos, as corujas e os guardas-noturnos que despertam para a noite, de igual modo os pássaros planadores voltam-se para o mundo e os seus riscos ao se aproximar a noite das estações, com o outono. Então aos poucos, e cada vez mais, vão se soltando dos trapézios e andaimes formados por dobradiças e apoios escurecidos; ainda ontem castanhos, verdes. Ou do alto gradeado das árvores aguardam nos hangares a sua hora, quando se lançam.

Não grasnam ou cantam como certas aves e outros pássaros, nem dependem de velas como os planadores dos humanos, ou trazem um motor louco dentro de si como os supersônicos.

Afirmam porém certos estudiosos muito adiante de sua geração, e que fazem da ciência o coração pulsante do mundo, que tais pássaros planadores, conhecidos vulgarmente por folhas, abrigam em seu interior impulsos precisos que os dirigem pelos declives do ar à terra de sua breve vida.

E diferentemente dos outros seres que perdem as cores com a morte — no outono, estação em que o verão desfalece, sobe à pele dos pássaros planadores o vermelho denso do sangue envilecido; lembra a superfície de antigos engenhos voadores depositados no tempo e impressos na história dos homens como ferrugem e fogo.

PROPOSALS WITH BIRDS AND LEAVES THAT THE OBSERVER EXTENDS TO HUMAN INGENUITY WITH A CERTAIN REFERENCE TO THE HEART

The leaves of trees are gliding birds. Long before airplanes and ultralights, there they were, and forever will be, on their trapezes and in their hangars.

Unlike other birds, leaf-birds do not glide for very long. Nor do they do it just any day of the year.

They don't open their wings to fly either, because they're entirely wings.
Their streamlined bodies, with hardly a groove, their tiny heads with sad eyes secluded behind eyelids (they're only allowed to see the universe through a slit of light), their retractable feet — everything in them is compressed, loses volume, is flattened, is in the shape of wings, the part and the whole each for the other, all are wings, a wing, as occurs with certain lizards that blend into the colours of the branches on which they camouflage themselves.

They're complete wings, but they await their chance to fly. Gliding birds practise on trapeze-trees, pulling off somersaults unthinkable to human clowns, humiliating them with their lightness and their sense of balance, supported by nothing more than small twig-legs that are only visible during their usual exercises.

In the same way as bats, owls and night watchmen that awaken at nightfall, gliding birds return to the world and its risks when the night of the seasons approaches in autumn. Then a few of them, more each time, let go of the trapezes and scaffolding formed by the hinges and darkened supports that only yesterday were still brown and green. Poised on their hangars in the high gratings of trees, they wait for their moment to fling themselves forward.

They do not screech or sing like certain other birds and fowl, nor do they depend on sails like human gliders, or carry a mad engine within them like supersonic planes.

Certain experts, however, who are far ahead of their generation and have made science the beating heart of the world, affirm that such gliding birds, widely known as leaves, carry within them a precise instinct that guides them along the slopes of air to the earth of their short lives.

And in contrast to other beings that lose their colours when they die, in autumn, the season in which the summer fades away, a dense red of tarnished blood rises on the skin of gliding birds, recalling the surface of old flying machines deposited in time and imprinted on human history like rust and fire.

Nota do editor

Alguns poemas desta coletânea já apareceram em jornais e revistas. Abaixo, as referências relativas a essas primeiras publicações. Os poemas não mencionados são inéditos.

"Abaixo da linha de pobreza" — *Piauí*, nº 5, fevereiro de 2007.
"Abaixo da linha de pobreza" — *ellipse*, nº 84–85, 2010.
"Após o inverno" — *Ficções*, ano 1, nº 2, segundo semestre de 1998. (Com o título de "São Paulo após o inverno".)
"Boa" — *ellipse*, nº 84–85, 2010.
"Café da manhã" — *Inimigo Rumor*, nº 14, primeiro semestre de 2003.
"Choro para Pixinguinha" — *Cult*, nº 41, dezembro de 2000.
"Desertificação" — *Cult*, nº 41, dezembro de 2000.
"... De velhos cadernos escolares" — *Piauí*, nº 5, fevereiro de 2007.
"Jiboia" — *Piauí*, nº 5, fevereiro de 2007.
"A mancha de cor" — *Inimigo Rumor*, nº 13, segundo semestre de 2002.
"Nosferato da serra" — *Inimigo Rumor*, nº 13, segundo semestre de 2002.
"Partitura" — *Cult*, nº 41, dezembro de 2000. (Segmento iii do poema "Música".)
"Proposições com pássaros e folhas que o observador estende ao engenho humano com certa referência ao coração" — *Inimigo Rumor*, nº 15, segundo semestre de 2003.
"Surfista" — *Piauí*, nº 5, fevereiro de 2007.
"Vida: objeto de desejo" — *Piauí*, nº 5, fevereiro de 2007.

Editor's Note

Some of the poems in this collection have already appeared in newspapers and journals. Below is a list of references relative to these earlier publications. Poems that are not mentioned are previously unpublished.

"Abaixo da linha de pobreza." *Piauí*, no. 5 (February 2007).
"Após o inverno." *Ficcões* 1, no. 2 (1998). (Under the title "São Paulo após o inverno.")
"Below the Poverty Line." *ellipse*, no. 84–85, (2010). Translated by Darcy Dunton.
"Boa." *ellipse*, no. 84–85 (2010). Translated by Hugh Hazelton.
"Café da manhã." *Inimigo Rumor*, no. 14 (2003).
"Choro para Pixinguinha." *Cult*, no. 41 (December 2000).
"Desertificação." *Cult*, no. 41 (December 2000).
"... De velhos cadernos escolares." *Piauí*, no. 5 (Februry 2007).
"Jiboia." *Piauí*, no. 5 (February 2007).
"A mancha de cor." *Inimigo Rumor*, no. 13 (2002).
"Nosferato da serra." *Inimigo Rumor*, no. 13 (2002).
"Partitura." *Cult*, No. 41, December 2000. (Segment III of the poem "Música.")
"Proposições com pássaros e folhas que o observador estende ao engenho humano com certa referência ao coração." *Inimigo Rumor*, no. 15 (2003).
"Surfista." *Piauí*, no. 5 (February 2007).
"Vida: objeto de desejo." *Piauí*, no. 5 (February 2007).

Agradecimentos do Tradutor

Gostaria de agradecer a Rita Mattar e a Ana Paula Hisayama da Companhia das Letras, editora que publicou o livro originalmente em São Paulo, por seu apoio e assistência ao projeto, assim como a Alice Tavares Mascarenhas, poeta, amiga e tradutora, por seus comentários e observações judiciosos à medida em que o livro ganhou forma. Também agradeço profundamente a Zulmira Ribeiro Tavares pelo diálogo incisivo e vibrante sobre o texto.

Translator's Acknowledgements

I would like to thank Rita Mattar and Ana Paula Hisayama of Companhia das Letras, the original publishers of the book in São Paulo, for their support and assistance with the project, as well as Alice Tavares Mascarenhas, poet, friend and herself a translator, for her judicious comments and observations as the book took shape. I would also greatly like to thank Zulmira Ribeiro Tavares for her incisive, vibrant dialogue about the text.

— Hugh Hazelton